INVENTAIRE.
X 9,867

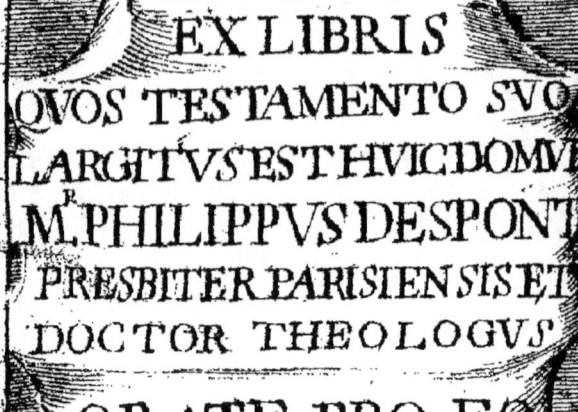

X. tit. 1090.

L'VNIQVE
METHODE
PAR LAQVELLE ON
PEVT DE SOYMESME EN
peu de temps apprendre la pro-
nonciatió, lecture & intelligéce
de la langue Italienne, le tout
sans reigles de grammaire.

*Par L. Douët Parisien enseignant ladite
langue & autres.*

A PARIS
Ils se vendent sur le pont Marchand, à
l'enseigne du Martinet, ou de-
meure ledit Douët

M. DC. XIIII.
AVEC PRIVILEGE.

NOUVELLE
METHODE
DE Mr DE PORT-ROYAL

Pour apprendre facilement & en peu de temps la Langue Latine, contenant les Rudimens & les Règles de Grammaire.

Sapere aufo, incipe. Qui rectè vivendi prorogat horam,
Rusticus expectat, &c. Hor. Ep. 2.

A PARIS,
Chez Jean Baptiste Coignard, Imprimeur ordinaire du Roy, ruë S. Jacques, à la Bible d'or.

M. DC. LVIII.
AVEC PRIVILEGE.

AVX LECTEVRS.

MESSIEVRS,
N'ayant autre but que de me pouuoir rēdre vtile à ceux qui sont amateurs des lāgues Italienne ou Espaignolle, ie me suis estudié à la recherche d'vne methode qui peut abreger le tēps, & la peine qu'il faut employer pour apprēdre les reigles de Grāmaire, (importunes aux sçauans, & fort difficilles d'estre comprises par ceux qui n'ont estudié) & faire que puissiez sās elles & sās Maistre, sçauoir en vn mois, ce, a quoy d'ordinaire est besoin en employer quatre & cinq: I'en ay doncques dressée vne que ie vous presente pour icelles langues, m'asseurant qu'apres (non considerée ma bonne volonté) auoir gousté & sauouré le fruict qui en prouiendra, vous fera abstenir (fussiez vous le mesme Momus) d'en medire, Or mon dessein n'estant autre

ã ij

que de vous enseigner sans lesdites reigles, faict que je n'en parle point ; vous aduertissant que pour faire proffit de ce liuret, il vous en faut auoir vn autre nommé *Aminta fauola pastorale di Torquato Tasso* que j'ay mis & abregé au nombre de 2400. mots y compris la variation des temps des verbes, lesquels sachant, vous aurez la cognoissance des Autheurs qui ont escrit en icelle langue; Et s'il vous reste quelque difficulté pour l'intelligence dudit liuret, vous en serez esclaircis par celui qui est

Vostre humble seruiteur
L. Dovët.

Amy Lecteur, par ce Liuret tu vois
   Comme se doit l'Italien prononcer,
Le lire bien, auec intelligence :
   Plus en huict iours, que sans luy en deux mois,
N'estant requis, afin d'y profitter
   Sinon d'y mettr' vn peu de vigilence.

Les Italiens n'ont que vingt lettres a leur
Alphabeth qui se prononcēt & lisent
comme les nostres excepté celles
qui sont remarquées cy apres.

A
B
C, deuant, e, ou, i. se prononce tché, tchi &
deuant a, o, ca, co, & deuant v, cou, Et
quand il se trouue suiuy de H, e, ou, H, I. il se
prononce qué, qui, che, chi, item quand ledit
chi est suiuy d'vn, a, e, o, u, il se lit quia quie,
quio, quiou, ou bien, chia, chié, chio, chiou,
exemple, chiamar se prononce, quiamar ou
tchiamar
D
E
F
G. se prononce deuant E, I, dgé, dgi & deuant a, o, comme en françois ga, go, & deuāt,
v, gou & quand il est suiui de h. I, il se doibt
lire gui ou dgi exemple ghiande ou dgiande,
comme s'il estoit escrit guiande & degiande,
Item suiuy de l, i, il se prononce comme
la derniere syllabe de ce mot bou-lly, gli.

H ac
I
L
m
n

o
p
qou
R
S
T
V, ou
Z tſeta ſe prononce deuant a, e, i, o, u, teſſa,
teſſe tſſi tſſo tſſou.

Pour lire & parler l'Italien auec grace, Il
fault obſeruer que quand vn mot finit par vne
voyelle & que celuy qui ſuit commence par
vne autre, il eſt beſoin de laiſſer celle du pre-
mier mot pour ioindre la conſonne d'ice-
luy a la voyelle du mot ſuiuant exemple d'vn'
altra, & non di, vna, altra. item ne fault prononcer la voyelle qui ſuit apres vne des quatre
liquides aſſauoir, l, m, n, r, s'il ne finit la periode:
quand c'eſt vn pluriel il faut la prononcer intel-
ligiblemēt, comme fazzolete pour fazzoletto,
ſingulier, au pluriel fault prononcer tout du
long fazzoletti, ſtrade, pour ſtrada au pluriel
ſtradé &c.

Tous les mots de cette langue ont leur accent
ſur la penultieſme ſyllabbe fors quelques vns
que i'ay accētuez pour les ſtudieux qui en pour-
roient doubter: oultre que comme i'ay cy deſ-
ſus dict qu'en laiſſant la voyelle ſuiuant vne
liquide, Il faudra faire ledit accent ſur
icelle liquide, comme qui diroit, amiámo,
laiſſant l'o vous prononcerez amiám &c.

Extraict du Privilege du Roy.

PAR grace & privilege du Roy, il est permis à Loys Doüet professeur aux langues estrangeres, de faire imprimer par tel imprimeur que bon luy semblera, vn liure de son invention, intitulé l'*Vnicque Methode*, par laquelle on peut de soy mesme en peu de temps, apprendre la prononciation, lecture & intelligéce de la langue Italienne, les vendre & distribuër en tous lieux & endrois de ce Royaume Pandant le temps & espace de six ans finis & accomplis: durant lequel temps sont faictes inhibitions & deffences a tous libraires & Imprimeurs & autres personnes se meslant de l'imprimerie, d'exposer en vente durant ledit temps, soubs quelque pretexte que se soit, ledit liure, sans la permission & consentement dudit Doüet a peine de trois mil liures d'amende & de confiscation desdits exemplaires, despens dommaiges & interests. En outre veut & entend sa Majesté, qu'en mettant au commencement ou a la fin dudit liure le presant extraict du privilege, il soit tenu pour deuëment signifié, & qu'il n'y soit en aucune façon cōtreuenu, comme plus à plein est declaré és lettres patentes: dōnées à Paris, le x x i. iour de Feburier, 1614. Par le Roy en son Conseil.

signé   GOVYN.

A

	Abandonáto	*A bandonné*
abbrat- chiar, &c.	Abbracciár	*embrasser*
	Abbraciaménto	*embrassement*
	Abéte	*sappin*
	Abhorri	*abhorres*
	Abomineuól	*abominable*
abonda.	Abunda	*abonde*
atchendé &c.	Accende	*allume, enflame*
	Accetti	*acceptes*
atchiò	Acciò	*afin, a ce*
accóllia, &c.	Accóglia	*accueille, ois*
	Accógli	*accueilles*
	Accólto	*accueilly*
	Accompágni	*accompaignes*
	Accórgi,e,o,	*apperçois*
accordgi	Accórta,e,i,	*apperceuë,*
	Accórdo	*accord*
	Accórsi	*apperceus*
	Accorréte	*accourez*
	Accori	*accours, fasche*
	Accostáua	*approchoit*
acherba &c.	Acerba, e,	*aigre, verde*
	Acerbètto	*aigret*
	Acérta	*asseure*
accoüa &c.	ácqua, e,	*eau*

A

		Unique
	acquisterái	acquerras
	acquisto	acquest
acrecher	acrescér	accroistre
acúta	acúta	accuë
	A dátta	adapte, agence
adoutch adoudgé	addúce adhúge }	ameine
	adíra	colere
	adópro, a	employe
	adosso	sus elle, sur le dos
	afánno, a, i,	annuy
	affáto	tout a fait
affachi- nommi.	affascinómmi	me charmea
afligi	affétto	affection
	afligi	afliges
	afrónte	vis à vis
ad eio &c.	Aggio	loisir
	aggiungi	adjoustes
	aggiunti	adjoins
aguiat- chia.	aghiaccia	glace, gele
&c. nigne	agna, agnella }	brebis
	agreste	rustiques
agovallio agouissa & c.	aguaglio	esgalles
	aguzza	aguise
	agguzare	aguiser
	Áh	ha
	ahi	helas
	aita, ti,	ayde, es,
	aitar	ayder
	aitar-ti	s'ayder

Methode.

Al	au
alla lle	a-la, aux
alato	aislé, a costé
albergar	loger
alberga	loge
albergo	loge, logis
albergò	logea
alberi	arbres
alcun, i, a, ne	aulcuns, nes
al fin	a la fin
alle	a les, aux
allegra, e, i, o,	allegre
all' hor	a l'heure
alodgia- *mento* allogiamento	logis
almen, o,	au moins
alma, e,	ame
alpestre, i,	cruelle, sauuage
alpi	les Alpes
alquanto, i	quelque peu
alta, e, i,	haulte
altari	autels
altissime	tres-haultes
altra, e, o, i,	aultre
altretanto, e,	autant
altri	autruy
alisa *&c.* alza	haulse
alzando	haulsant
alzò	haulsa
Amar, e	aymer
amai	aymay
ama	ayme

A ij

A	Vnique
amando	aymant
amante	amant
ámano	ayment
amáro	amer
amaresti	aymerois
amarissimi, a,	tres-amers
amasse	aymast
amáto, a,	aymé
amator	aymant
amaua	aymois, oit,
ambitiosa	ambitieuse
ambi, e,	tous deux
amerà	aymera
amerai	aymeras
ami	aymes
amiam	aymons
amica, i	amye
amignéuole. amicheuole,	amiable
amitichitia. amicitia	amitié
amor, e, i,	amour, s,
amoroso, a, e, i,	amoureux
amorétti	amoureaux
ammitándo	admirant
ammolír,	amollir
ammolisca	amolisse
ampi, e	amples, grans
Anche ⎫	
anco ⎬	encores, aussi
ancóra ⎭	
antchiss. ancisi	tuay
andai	allay

Methode.

Andar, e,	aller
Andándo	allant
Andámmo	allassines
Andáua	allois, oit,
Andássi	y allasse
Andiámo, ne	allons-nous-en
Andò	alla
Andrái,	iras
Andréi	irois
Andrésti	irois
Andrò	iray
Angélica	angelique
Angoscioso Angosciosi	angoisseux, fascheux
angoissé Angue, i,	serpens, couleuures,
Animáli	animaulx
ánimo	courage, volonté
Annontio, a,	anonce
Antro	antre
antíche	antiennes
Ansáre	hallener, souffler
Antiueder,	preuoir
antsi Anzi	ains, au contraire
aparequi Aparechi	appareilles, apprestes
ape	auetes, mouches a miel
Apélla,	appelle, nomme
Apena,	a peine
Apennino	Apennin,
Aposi	mis, imputé
Aponesti	tu mis
Appiatarmi	me cacher
Appo	chez, vers

A iij

8   Vnique

Apporta	apporte
Aprenda, o	apprend
aprendero	aprendray
aprende	apprend
Apreza	prise, estime
Apar, ir,	apparoir, aparoistre
Appressar-si	s'approcher
Appresenta	presente
Atátro	cherrüe, soc
árbore	arbre
Arbusti, arboscelli	arbrisseaux
Arco	arc
Arche	coffres, boistes
Arde	ard, brusle
Ardir, re,	ardiesse, oser
Ardo, r,	ie brusle, ardeur
Ardendo	bruslant
Ardenti	bruslans
Ardirai	oseras
Ardisco	i'ose
Ardito, a,	hardy
Argento	argent
Argomenti	arguments, clisteres
Aria ⎫ Aer ⎭	aer
Ariuar	arriuer, paruenir
Arme, i,	armes
Armenti	trouppeaux
Arnési	harnois, meubles
Arrossía	rougissoie
Arte	art

Methode.

Artigli	griffes, ongles
a thèndè Ascende	monte
Ascolto, a, i,	escoute, es,
Asconde	cache
Ascose, o,	cachées
Aspettar	attendre
Aspetto, i, a,	i'attends
Aspettaua	attendois, oit
Aspeterò-ti	ie t'atendray
Aspe, aspide,	aspic
Aspro, a,	aspre, rude
Assai	assez
Assettato	alteré
Astuti	fins, rusez
Atónito	estonné,
Atta, o, i,	propre, apte,
Attenda, e,	attende
Atterrar	atterrer
Atteso	attendu
attosca	empoisonne
auantso Auanzo, a,	reste, aduance
audat- Audace, i,	audatieux
chè. Auenisse	aduinse
audgelli Angeli	oiseaux
austssé Auezze	accoustumees, duittes
Aui	ayeulx
Auidamente	auidament,
Auilupò-si	s'entortilla, s'enueloppa
Auiso	aduis
auiti- Auittichia	s'attache, s'entortille
quia	

		Vnique
	Aura	aure, zephir
	aurea	doulce, dorée
	aurora	aurore
	Auueggio	apperçois çois
	Auuidi	apperceus
	Auuenenti	aduenans, propres
	Auuentò-ſi	ſe darda
	Auuerà-ti	t'aduiendra
auitchi- no.	Auuicinò	approcha
	Auuolta	entortillée

BA

batchi &c.	Baci	baiſers
	Báccia	baiſe
	Baccánte	Baccantes
	Bado	amuſe, arreſte
	Bagnerò	baigneray
	Bagni	baignes
	Baldo	hardy
	Bália	nourriſſe
	Balo	bal, dance
baliſſi	Balzi	precipices
	Bambine	filletes
	Baſta	ſuffit
baſtan-tiſa	Baſtanza	ſuffiſance
	Baſtarebbe	ſuffiroit
	Baſſo,a,	bas, vil, baiſſe
	Battea	battoit, frappoit
	Baua	baue
	Bauoſo	baueux
	Bea	rend heureux, boiue
	Beato	heureux

beatitūdi

	Beatitudine	beatitude
	Begli, bei	beaux
	Bel, lo, la,	beau, belle
belleſſa	Bellezza, e,	beauté
	Ben, e,	bien
	Benigno, a,	bening
	Beuan	boiuent
	Beuanda	boiſſon, breuuage
	beuea	beuuoit
	Bianco	blanc
bianqué	bianche	blanches
	biondo	blond
biſchia	Bíſchia	couleuure, ſerpent
	Biſogno	beſoin
	Boſco, ſchi	bois
boudgiarda	buggiarda	manteuſe
&c.	Buggie	manteries
	Buon, o, na,	bon, bonne
	Burlo, i,	mocque, cques
bratchia	Braccia	bras
	Bramar	deſirer
	Brama, i,	deſire, es,
	Bramato	deſiré
	Breue, i,	breues, bref
	Brutta, o, i,	laide, laids
&c.	Caccia, e,	chaſſe
	Caciatrici	chaſſereſſes
	Cadauéro	cadauer corps mort
	Cader	choir, tomber
	Cadeſſe	tombaſſe

B

	10	*Vnique*
	Caduca	*caducque*
	caduta	*cheute tombeé*
cadgion	caggion	*occasion*
	cala	*descend, deualles*
	calé	*ne m'en chault*
	calle	*montaigne*
	calde	*chaudes]*
	calcar	*fouller*
	calpestri	*foulles*
	cambia, o,	*change*
	cámera	*chambre*
	campagna, e,	*campaigne*
	campi	*champs*
	cándido, a,	*blanc, blanche*
	candor	*blancheur*
candgiar &c.	cangiar	*changer*
	cangia	*change*
	canore	*armonieuses*
	cantando	*chantant*
	cantai	*chantay*
	canto, i, ò	*ie chante, chant*
enpatché	capáce	*capable*
	capelli	*cheueux*
	capir	*tenir, contenir*
	capo	*reste, chef*
	caprar	*cheurier*
	cara, o, i,	*cheré, cher*
	carme	*carme, vers*
	carole	*danses*
	carte	*lettres, escrits*
	case, a,	*maisons*

Methode.

	caso	cas, aduenture
	castigo	chastiement
	caualiero	cheuallier
tchède &c.	Cede	cede, quite
	cedete	cedez
	cedo	ie cede, ie quitte
	celar-mi	me cacher
	celan	cachent
	celaua	cachois, oit
	celando-mi	me cachant
	celesti, e,	celestes
	cener	cendre
	cercar,	cercher
	cerca, o,	cerche
	cercando	cherchant
tcherquiam &c.	cerchiam-lo	cherchons-le
	cerchi	cherche,
	cerchio	cerle, vn rond
	cerua, o, i,	bische, cheureuil
	ceruier	loup ceruier
tchertetssa &c.	certezza	certitude, asseu-rance
	cespugli	gazons, mottes de terre
	Cessar	cesser
	cetra, e	vne lyre
	CI	nous, y,
tchiantchie &c.	ciancie	babils, cacquets
	ciancerebbe	babilleroit
	ciascun, o, a,	chascun
	cibo	viande

B ij

	CI	Vnique
	cieca, o	aueugle
	ciel, o	Ciel
	cigni	Cignes
	cima	la cime, le bout de quelque chose
tchindgeua	cingeua	ceignoit
tchinguiaï &c.	cinghiaï, e,	sangliers
	cinto	ceint, entouré, ceinturé
	ciò	ce, cela, cecy
	cittadi	villes, citez
	cittadini	habitans bourgeois
	Coglie	cueille
	cogliendo	cueillant
	collà	là
	colei	elle, icelle
	col	auec le
	colgon	cueillent
	colle	costau, roche
	colmo	comble, plein
	colorati	coulourez
	color, i,	couleur,
	colorito	rouge, coulouré
	colombo	pigeon
	colpa, o,	coulpe, coup
	colsi	cueillis, atteignis
	coltei	couteaux
	colúi	iceluy
	combatta	combatte
	combattendo	combattant
	come	comme

Methodé.

·intchio. cominciò	commencea
commoſſa	eſmeuë
compagna	compaigne
compagnía	compaignie
comparta	departe, partiſſe
compaſſion	compaſſion
·piatcher. compiacer la	luy complaire
compiacque	pleuſt, accorday
compra	acheptes
comune	commun
communque	en quelque façon que
Conceder	accorder, conceder
·tcheſſa. conceſſa, e,	accordée
·quiouſion conchiuſion	concluſion
concorde	d'accord
condamna	condampne
condir	aſſaiſonner
·diſché. condiſce	aſſaiſonne
conditione	condition
condimento	aſſaiſonnement
condito	aſſaiſonné
condur-lo	le conduire
·ndutché. conduce	conduit
conduſſe, i	conduiſit
confaſſi	s'accorde
confeſſato	confeſſé
confeſſo, a,	confeſſe
confida	ſe fie
confidenza	fiance
conforme	conforme

B iij

	conforta, i, o,	reconforte
	confuso	confus
condgiunta	congiunta, o, i,	conjointe, liée
	conobbi, e,	cogneus
conosché &c.	conosce, i	cognoist
	conosco	ie cognois
	conoscerai	cognoistras
	conoscendo	cognoissant
	consente	consent, accorde
	consenso	consentement
	conserui	conserues, gardes
consi-llier. &c.	consiglier	conseiller
	consiglio, i,	conseil
	consigliasse	conseillasse
	consola	console
constantssa	constanza	constance
	conta-ne	conte-nous en
	contaminare	contaminer
	contenta, o,	contente, content
contentetssa	contentezza	contentement
	conti	contes
	contorni	enuirons, destoprs
	contra	contre
	contrasto	contredis
	converso	conuerty
	conviene	conuient
	Cor, i,	cœur, cors
	corda	corde
cordo-llio.	cordoglio	dueil
	corno	cors
cornitché	cornice	corneille

Methode. 15.

corone	couronnes
coronati	couronnez
corpo	corps
correr-le	luy courre
corre	cour
correua	courrois, oit
corridore	courreur
corrisponda	corresponde
corso, i, e,	courru, r, es,
cortese	courtoise
cortesia	courtoisie
cortegian *(cortedgian)*	courtisan
cortine	courtines
corti, o, e,	cours
Cosa, e,	chose
cosi *(cousi &c.)*	ainsi
cosi fatta	telle
costa	coste, montaigne
costei	cette, icelle
costoro	iceux, ceux là
costretto	contraint
costui	iceluy
costumi	meurs, coustumes
cotal	tel
cotanta	tant, si grande
cóte	queuë a esmouldre
coresto	ce, iceluy
couil	giste, repaire
cozzo *(coßo.)*	heurt, choc
Cui	lequel
culci *(soultchi.)*	guerets ; terres labourées

	cuor, e,	cœur
coupa, &c.	cupa	profonde, creuse
	cupido, a, i,	cupide, desireux, Cupidon
	cura, i,	cure, soin
	custode	garde
	Crebberò	creurent
	credo, i, e,	ie croi, ois, oit
	credean	croioient
	crederia	croiroit
	credete	crens
	credeua	croiois, oit
	creduto	creu
creschèndo	crescendo	croissant
	crespa	ridée
	Crine, i	crin, cheueux
croùtchi &c.	cruci	bourrelle, tourmente
	cruda, do, de,	cruelle, el
	crudelle	cruel
	crudeltate.	cruauté
qué, qui	Che, chi	que, qui, quoy, car, quel, quelle
	chi	qui, quiconque
	ch'a	qui a
quiamar ou tchiamar &c.	chiamar, e,	appeller
	chiama, i	appelle
	chiamaua	appelloit, ois
	chiamando	appellant
	chiamerò-la	ie l'appelleray
		chia-

Methode 17

chiara, i, o,	claire
chiaramente	clairement
chieder	requerir demander
chiedi	demandes
quiedgio &c. chieggio	demande, ie requiers
chiesi	demanday
quináua &c. chinaua	baissois
chinò	baissa
quioſtri ou tchroſtri &c. chioſtri	cloiſtres, enclos
chiude	ferme, encloſt
chiunque	quiconque
choro	troupe

DA

dà	donne, de
dal	par le
dar, e,	donner
darà	donnera
dar-ti	te donner
dardo	dar, ie darde
Debiamo	deuons
debil	debile, foible
débita	deüe
dee	doibt deſſes
degna, o, e, i,	digne
degnamente	dignement
deágio deggio	d'abs
deità; te	deité, tez,
dei	doibs
del	du
delfin	daulfin
delicate, o,	delicates

C

	28	*Vnique*
denieghi	denieghi	*denies*
	dente	*dent*
	dentro	*dedans*
	deposto	*deposé, laissé*
	deponga	*deposé, laissé*
	desiare	*desirer*
	desiata	*desirée*
	desiasse	*desirasse*
	deserto	*desert*
	desire, desio	*desir*
	desiderio	*desir*
	desso	*d'iceluy*
	destin	*destin*
	destra	*dextre*
	detto, i,	*dit*
	deue	*doibt*
	deuota	*denote*
	deurà	*deura*
	deuuta	*deüe, raisonnable*
	DI.	*de*
	di	*iour*
	dia	*donnoit*
	diamante	*diamant*
	dico, i, a,	*ie dis*
	dicea, diceua	*disois, oit*
dicchenda &c.	dicendo	*disant*
	dicesse	*disse*
	diede, i	*donna, s,*
	dier	*donnerent*
	dietro	*derriere*

Methode.

iffitchil	difficil	*difficile*
	dilegna	*eslongne, escarte*
	diletto, i	*plaisir, deduit*
	dimandar	*demander, nommer*
	dimandi	*nommes, appelles*
	dimostra	*demonstre*
	dimostratto	*demonstré*
dinégué	dineghe	*denie*
	Dio	*Dieu*
	diporto, i,	*deduit, esbat*
	dipinto	*depeint*
	dir	*dire*
	dirò ti	*te diray*
	diresti	*dirois*
	dititamente	*droittement*
	dirupo, i	*precipice*
disagoüagli-antssa	disaguaglianza	*inegalité*
	disarmáto	*desarmé*
dischendi	discendi	*descends*
	discorsi	*discourds*
	disdegni, o,	*desdaignes*
	disdegnosa	*desdaigneuse*
	disegno	*desseing*
	disempári	*oublie*
	disparte	*a costé, à l'escart*
	disperar	*desesperer*
	disperi	*desesperes*
	disperato, a,	*desesperé*
	disperando	*desesperant*
	dispettoso, a, i,	*despiteux, fascheux*

C ij

	dispetto	despit fascherie
	dispensi	depars distribués
dispiacibente &c.	dispiacente	desplaisante
	dispiacia	desplaise
	disponga	dispose
	dispongono	disposent
	dispor	di poser
	disposto, a,	disposé
dispreſſar &c.	disprezzar	mespriser
	disprezza, i	mesprise
	disse, i	dist
	dissolue	dissould, se fond
	distrutto	destruit, ruiné
	dito	doig
	diuenir	deuenir
	diuenne, i,	deuint
	diuerse, i	diuerses
	diuine	diuines
	diuise	diuisees
doglia doltché &c dolchetssa &c.	Doglia	dueil, dueille
	dolce, i	doux
	dolcezza, e,	douleceur
	dolcemente	doucement
	dolcior	douleceur
	dolcissima	tres douce
	dolente	dolente
	dolor	douleur
	doloroso	douloureux
	domar	dompter
	domator	dompteur
	domandi	demandes

Methode.

domestichi	apprinoises
don	vn don
donar	donner
donna, e,	dame, femme
dotta, e,	docte
doue	ou
douea	deuoit
douere	deuoir
douesse	deusse
doueui	deuois
dovria	deuroit
dovunque	ou, en quelque part
dovuta	que
Dubbia, o,	deüe
	doubte,

Bouché duce — Duc
      due — deux
doisel &c. duol — dueil, fasche
      dunque — doncques
      dura, o, e, — dure, dur,
      duramente — durement
      Drappi — draps
      drito. — droit, raison

E	Et
è	est
Ebano	Ebeine
ecco-ti	te voila
effetto, i	effect,
e-lly egli	luy, il
e, rédgi egreggi	grans, herroïques

eguale	esgal
ei	il, elle
ella	elle
eloquenza	eloquence
empio, a,	impie, cruel
émula	emulatrice, imitante
entrar	entrer
entra, tro	entre
entrambi	tous deux
entrasse	entrasse
era	estoit
eran, o	estoient
errar	errer
erránte	errant
errò	erra
error	erreur
escluso	exclus, dechassé
espresso	exprés, naïf
esprime	exprime
essa	icelle
essala	exhale
essalar	exhaler
essangue	pasle, qui n'a plus de sang
esser	estre
essendo	estant
essempio	exemple
essequie	obseques, funerailles
età, te,	aage

Methode.

eterna	eternelle
eternamente	eternellement
eterni	eternels
F A	faict
atche & c. face, 'i	flambeau
fecea, faceua	faisoit, soit
facenámo	faisions
atchia &c. faccia	face, visage
facciamo	faisons
facondi	façons, 'ornez amples
adgio. foggio	fouteau
fai	tu fais
falatché falace, i	trompeurs
fallo	faulte
falsi	faulx
fame	faim
famelico	affamé
antchionllo &c. fanciullo, a, e,	enfant, garçonnet
fanciullesco	enfantin
fantchien- fanciullezza	ieunesse, enfance
eissa. fan, no,	font
fanne	fais-en
far, e, ti, li	faire, luy faire
farái	feras
faretra	carquois
farò	feray
afchia fascia, e, o,	bande, pacquet
fastidi	ennuis, fascheries
fasto	orgueil

24   Vnique
fáto   destin
fatica   fatigue, peine
fatto, e, i,   faict, faictes
fauella   parole
  Fè, fei   feit, feis
fea   faisois, soit
fetchi feci, ce,   feis, feit
fecondissimo   tres facond
fede   foy
fedele   fidelle
felitchò felice   heureux
felli   les feit
femina, ne,   femme
feminil   feminine
feo   feirent
fera, e,   fere, beste saunage,
                cruelle, blesse
ferito, a, e,   blessé
ferire   blesser, frapper
ferendo   blessant
feritate   cruauté
fermai   arrestay
fermammo   arrestames
feria   blessoit
ferro   fer
festa   feste
festanti   festoyans
festi   tu feis
fesse   frisse, fanduës
  Fia   soir, sera
fian   soiens
                              siate

	fiate	fois, haleinées
	fiamme	flammes
	fida, di	fie
	fiede	frappe
	fiere	cruelle
cressa	fierezza	cruauté, fierté, orgueil
llio &c.	figlio, a, i,	fils, fille, enfans
	figliuolo	fils, enfant
	figura	figure
	fin, e,	fin, iusques
ndger &c.	fingere	feindre
	fingi	feins
	fingendo	feignant
	finta	feinte
	finir	finir
	finia	finissoit
	fior, i	fleur, s,
	fiorite, i	fleuries
	fioretti	fleurettes
	fistola	flcufte
	fitto	fiche, fixe
	fiume, i	fleuue
	fiumicello	petit fleuue
	Foco	feu
dgie	foggie	façons
	folgori	fouldres
	folle	fol
	folto	espois
	fundo	fonds, creus
	fontana	fonteine

D

	fonte, i	fonteine, s
	fora	seroit
	forma, e,	forme
fornatchi	fornaci	fournaises
	foreste	bois, forests
	forosette	villageoises
	forse	peut estre
	forti	fortes
	fortúna	fortune
	fortunato, a,	fortuné
	forza, e,	force
	fosse, i	feusse
	fosco	espois
	fosti	tu fus
	Fv fuè	il fut
	fuga	fuite
fougatchi	fugaci	fuyardes
fondge &c.	fugge	fuit
	fuggire	fuir
	fuggi-si	s'enfuit
	fuggendo	fuyant
	fuggita	fuye
	fuggirái	fuyras
	fuggiranno	fuiront
	fuggisti	fuis, tu t'enfuis
	fuggo	ie fuis
	fui	ie fus
	fumo	fumée
	fune	corde
	fuoco	feu
	fuor	dehors

Methode.

fouro &c.	furò furon	furent
	furor, e	fureur
	fúra	furie, desrobe
	furioso	furieux
	furto	larcin
	fussero	fussent
	futuro	futur
fladgella.	Flagella	flagelle, tourmen- te
	fra	entre
	fragillissima	tres fragille
frasquetta	fraschetta	buschette, festu
	fratelli	freres
	freddo, i,	froid
	freno	frein
	fresco, a, che,	fres, fresche
	fronde, i,	fueilles
	fronte	front
	frutto, i,	fruict
	Gabbo	mocquerie, risee
	gambe	iambes
	garrir	disputer, murmu- rer
dgente &c.	Gente, i.	gents, peuple
	gentile	gentil
dgentiletssa	gentilezza	gentillesse
	germini	germe
dgermo-lliar &c.	germogliar	pululer, augmeter
	germoglia	augmente
dgià	Gyà	desia, jadis
dgiatché &c.	giace	gist

D ij

	giacea	gisoit
	giacente	gisant
	giacque	gisit, coucha
	giamai	jamais
	gielo	gelee, glasson
giouanessa &c.	gioua	proffite
	giouanezza	jeunesse
	Gioue	Jupiter
	giouenca	genisse
	giouenil	ieune folastre
	gioia, o,	joye, ioyau
	giorno, i,	jour
	giouine	jeune homme
	giouinetta	fillette
	girai	tournay
	giù, giuso,	bas, en bas
	giua, uan	alloss, alloit, allozet
giuoqui &c.	giuochi	jeus
	giunchi	ionc
	giunto, i,	arriué, paruenu
	giunse, i,	arriua, paruint
	giunger	arriuer
	giunga	arriue
	giuramento	serment, iurement
	giusta, o,	iuste
gocchiolaua	Gocciolaua	degoustoit
	goda, i,	iouisse
	godendo	iouissant
	goduto	iouy
	goffo	lourdault
	gola	gourmadise, gueule

Methode.

gonfi	enfle, enflez
gota	goute, tond
gouerna	gouuerne
Guarda, guata	regarde
guancia, e	iouguë
guardia	garde
guasto	gasté
guardo, i	regarde
guatata, guardata	regardee
guatat me	me regarder
guatassi	regardasse
guerre	guerres
guida	guide, conduit
guideroti	ie te conduiray
guisa	guise, façon
gusta, o	gouste, taste, essaye
gustar	essayer
gustato	essayé
gustassi	goustasse, essayasse
Gli	les
gliel	le luy
gloria	gloire
Gradirei	gratifierois, recompenserois
gredieristi	gretifierois-tu
grado	degré, grade
graffiato	esgratigné
gran, de, di	grand, s
grandezza	grandeur

D iij

	grano	grain, bled
	grata gratiosa	gratieuse
grattia	gratia	grace
	graua,e,i,	pesante, grande
gregge	Gregge, ia,	troupeau
	grembo	giron
	Gridar	crier
	gridan	crient
	gridándo	criant
	grido	vn cry
	gridò	cria
guiatchio &c.	Guiaccio	glace, froidure
	ghiande	gland
	ghinos	souris
	Ha	ha
	habbiatte	ayez
	habia	aye
	habbitan	habitent
	hábito	habit
hacchi	hacci	y a il
	hai	tu as
	han, no,	ils ont
	hauea, ua	auois, auoit
	haueano	auoyent
	hauendo	ayant
	hauesse	eusse
	hauete	auez
	haurá, ò	aura
	hauraí	auras
	hauer-li	les auoir
	haurebbe	auroit

Methode.

	haureste	tu aurois
	hauria	aurois
	Hobbe, i	eust
	herba, e,	hierbe
	heroi	heroïques, magna- nimes
	Hier, i,	hier
	hircane	d'hircanie
	historia	histoire
	Ho	i ay
odgi	hoggi	auiourdhuy
	homai	desormais
omitchida	homicida	homicide
	honorar	honnorer
	honor	honneur
	honestate	honesteté
	hor, hora	maintenant
	horsu	orsus
	horribili	horribles
	horror, e,	horreur
	Hvmil	humble
	humana, e	humaine
	humiltà	humilité
	huom	homme
	huomini	hommes
	Idolo	idole
	Ignote	incogneuës
	Ignuda	nuë
	Il	le
	Illuminar	esclairer, illumi- ner

	Illustri	illustres
	ilqual	lequel
	Imagine, i	images, imagines
	immedicábili	incurables
	immondo	salle, immonde
	immortali	immortels
	imparar	apprendre
	impára	aprend
	impenno	empluma
	impalidisca	pallit rend pasle
	impatiente	impatient
	impedir-lo	l'empescher
	impedij	empeschay
	impedisti	tu empeschas
	impediménto	empeschement
	impetrerái	impetreras
	impettrerò	impetreray
	imperio	empire
	impettri	impetres
	impeto	impetuosité
	impiegar	employer
impiegui	impieghi	employes
	impietate	impieté
	importa	importe
	importuna, o, i,	importune
	imprime	imprime
	improuiso	despourueu
	IN	en
Inantissi	inanzi	deuant, auparauant
		inaltar

Methode.

	inafiar	arroser
aſcherbi-ſhé	inacerbiſce	anaigrit
	incauto, i	enchantement
	incantato	enchanté, enſorcelé
	incantando	charmant, ſenſor- celant
	incauti	lourdaus, peu fins
ncherto eʃt.	incerto	incertain
	incenſi	encens, encenſe- mens
ncibida	incida	graue, taille
	incognito	incognen
	incomminciái	commençay
	incolta	mal pollie, ornée, agencée
	incontra, ò	au deuant, rencon- tre
	incontrar	rencontrer
	incontrái	rencontray
a creſché	increſce	fache deſplaiſt
	inculti	deſers, nõ frequétez
	Indarno	en vain
	indi	de là
ditchio	indicio	indice
	indietro	en arriere
adoudgio	indúgio	delay
	infame	infame
	infámia	infamie
	infalible	infaillible
	infante	enfant
feliché	infelice, i	malheureux

E

inferno	enfer
infidi	infidelles
infra	entre
Inganno, i	tromperie
ingannata	trompée
inganna	trompe
ingannando	trompant
ingegnosa	ingenieuse
ingegni	esprits
ingordo	auide, glouton
ingrato,a,e,i,	ingrat
ingratissimo	tres ingrat
ingratitudine	ingratitude
inhumudir.si	s'humecter
iniqua	inique
inmedicabile	irremediable
immundo	immonde
innamorar-ti	s'enamourer
innamaristi	amertumes
innamorate, o,	enamourées
innanimate	inanimées
innocente	innocent
Insano	fol
insegna o	enseigne
insegnasti	tu enseignas
insidiator	trompeur espieur
insieme	ensemble
insidie	tromperies embu-sches
insipida, i	degoustante
insolito	non accoustumé

Methode.

instrumento	instrument
insù	sus, dessus
Intanto	tandis, cependant
intatte	non touchees
intender	entendre
intendi, o, a, e,	entends
intendeua	entendois, oit
intendessi	entendisse
intenderesti	tu entendrois
intenditor	entendeur
intese, i, o,	entenduës entendit
interni, o,	internes, cachez
intelletto	esprit, intellect
interrotte	interrompuës
intenti	attentifs
intertener-la	l'entretenir
intiera	entiere
intorno	autour
intrinseco	famillier amy
intristice	atriste, empire
Inuescar	engluer
inuecchia	enuieillit
inuecchiando	vieillissant
inviata	acheminee partie
invitta, ò, o,	inuincible
inuisibili	inuisibles
inuoli	prenne
invoglia	excite
involto	entortillé
inutile	inutile
iscolorite	descoulourees

E iij

islegarle	les deslier
isoletta	petite isle
istar ne	en estre, en demeurer
isvenimento	esuanouissement
Ite	allez
iterati	reiterez
Ivi	la
là	la
labbro, a	leure
lacchio & laccio	las, cordelette
lacerate	dechirées
ladroni	larrons
lagnar	pleindre
lagno	plains
lago	vn lac
lagrime	larmes
lamantar, mi	me lamenter
lamento	lamentation
lampeggiaua	dardoit, esclairoit
lampo	esclair
lantchiai &c. lanciái	lancay, darday
lanciero	darderay
languir	languir
lanvugine lanúgine	poil follet, cottonné
laqual	laquelle
largud larghe	larges
larue	fantosme, loup-garou

Methode

laſchia &c.	laſcia, o, ò, i,	laiſſe
	laſciaua	laiſſois, oit
	laſciar	laiſſer
	laſciaí	laiſſay
	laſciam	Laiſſons
	laſciareſti	lairrois-tu
	laſciati	laiſſe-toy
	laſciuti	laßifi
	laſſo, a,	las, cherif, laiſſe
	latte	laict
	lauar-ſi	ſe lauer
	Lecauan	lechoient
	legar-la	la lier
	lega	lie
	legata	liée
	legan	lient
	legami	liens
ledger &c.ſ	leggere	lire
	legge	lit, toy
ledgiadro &c.	leggiadro, a, e, i	beau, gentil
	leggiadría	gentilleſſe
legni	leggiero	leger
	leghi	lies
	lei	elle
	lento, i	lent, long
	leon	lion
	lepre	liépure
	leſſi	leus
	lettere	lettres
	lettiere	bois de lict
	letto	lict

E iij

[illegible]	[illegible]
[illegible]	[illegible]
[illegible]	[illegible]
[illegible]	[illegible]
[illegible]	[illegible]
[illegible]	[illegible]
[illegible]	[illegible]
[illegible]	[illegible]
[illegible]	[illegible]
[illegible]	[illegible]
[illegible]	[illegible]
[illegible]	[illegible]
[illegible]	[illegible]
liquido	liquide
[illegible]	[illegible]
[illegible]	[illegible]
lungo, a	long
[illegible]	[illegible]
[illegible]	[illegible]
[illegible]	[illegible]
[illegible]	[illegible]
lungo, a	long
[illegible]	[illegible]
[illegible]	[illegible]
[illegible]	[illegible]
[illegible]	[illegible]
[illegible]	[illegible]
[illegible]	[illegible]
[illegible]	[illegible]
[illegible]	[illegible]
[illegible]	[illegible]

Methode

	madre	mere
	maestri	maistres
magazzino	magazino	magasin
maghe	maghe	sorcieres
madgitchi	magici	magiques
madgiore &c.	maggiore	plus grand
	magnanimo	magnanime
	mai	iamais
	mal, e	mal, mauuais
	maladetto	maudit, meschant
	maligno	malin
	maluaggio, a,	mauluais
	manca	manque, gauche
	máncano	manquent
	mánchino	manquent
	manda	enuoye
	mandato	enuoyé
	maniera	maniere, façon
	man, o,	la main
	mansueto, i,	doulx, benin
	mantieni	maintient
	mar, re, ri,	la mer
	marito	mary
	martire, i,	martyre
	mastro	maistre
	maturo	meur
	Me	me, moy,
	meco	auec moy
	medesmo, a,	mesme
	medica, medicina	medecine

	[illegible]	[illegible]
	meglio	mieulx
	mei	moy
	melato	emmielé
	membra	membres
	memoria	memoire
	men, a.	moins
	menar-ne	en mener
	meni	menez
	mente	esprit
	mentecatta	niaiz, fol
	mento	menton
	mentre	tandis
[illegible]	merces, mercanda	grace, recompense
		se
	meraviglia	merveille
	meritando	meritant
	merzo, i, a	[illegible]
[illegible]	meschina	meschin,
	meschiando	meslant
	meschino, i,	chetif, meschin
	mescolar-mi	me mesler
	mesta	triste, fascheus
	mestiero	mestier
[illegible]	messaggiera	messagere
	metitor	messonneur
	mette	met
[illegible]	mezzo, a,	demy
	Mia, e, o,	mienne
	mia	mie
	miei	[illegible]
	miglior	meilleur

mille

Methode.

	mille	mille
	millesima	milliesme
minatchiar &c.	minacciar	menacer
	minaccie	menaces
	ministro, a, i,	ministre, seruiteur
	minor, re, ri,	moindre, petit
	minute, i	menuës, basses,
	mira, ò, i	regarde
	mirábili	admirables
	miracol	miracle
	mirando	regardant
	miriamo	regardons, dions
	miserábile	miserable
	misero, rello	miserable
	miséria	misere
misquiate	mischiate	meslées
	mista	meslée
	misterio, ri	mistere
	misura	mesure
mitiguiam	mitighiam	appaisions, sons
	Mobil	mobile
	modo, i	modo, façon
	modesto	modeste
	moïa	meure
	molle	mol
	molesta, i	moleste
	mollisca	amolisse
	molto, e, i,	beaucoup, plusieurs
	mondo	monde
	monti	montaignes
	monton, i,	mouton

F

mora	demeure
morbide, i,	pottellets
morendo	mourant
morir, e,	mourir
moriréi	mourrois
moria	mourois, oit
morro, à	mourray
mormoro	murmura
mormorar	murmurer
mormorando	murmurant
morse, o,	mordués
mortal, e, i	mortel
morto, e	mort
mostra	monstre
mostrato	monstré
móstro	monstre
mostrò mi	me monstra
mosse, o,	muës
motto	mot, parole
mouea	mouuoit
mouerei	mouueroit, remue-
	rois
mozza *mozza*	mousse, couppée
Munire	munir
muore	meurt
muoua	mruue
mura	mur
murati	muraillez
muse	muse
muto, a, i,	muet
mutando	changeant

Methode.

mutato	changé
Nacquer	nacquirent
nacque	nacquist
narri	narres, contes
nafchè &c. nasce	naist
nascente	naissant
nasconde,i,a	cache
nascoso, nascosto	caché
natura	nature
Nò	en les
ne	en, ni
mene	m'en
ne'l	dans le
neschessita necessità	necessité
nega	nie
negar-lo	le nier
negarò	nierent
negando	niant
negato	niay
negasti	nias
negletto, a,	negligé
neguitoso neghitoso	paresseux
negligente	negligent
nel	dans le
nemico, ci	ennemy, ys
nemitchitsia nemicitia	inimitié
nepoti	nepueux
nero	noir
nerborute	nerueuses
Nettáro	nectar

F ij

	44	Vnique
	neue	neige
	NI	ni
	nieue	neige
	ninfa	ninfe
	No	non
	nobil	noble
	nobiltà	noblesse
notchè	noce	nuit, noyer
	nodi	nœus
	noi	nous
	noia	ennuy, fascherie
	no'l	ne le
	nome, a, i,	nom, nommé
	non	non, ne
	nondimeno	neantmoins
	nostro, i,	nostre
	nota, o,	note, notoire,
	notare	notter
notitsia	notitia	notice, cognoissance
	notte, i,	nuicts
	nouelle	nouuelles
	nouo	nouueau
	Nube	nuées
	nulla	rien nulle
nontsia	nuntia	messagere
	nuotò	nage, de nager
	nuoua, e, i,	nouuelle
	nuvol	nuage
	O	ou
	obliasti	oubliäs
	óblica	oblique, de trauers
	óbligo	obligation

Methode.

	occasion	occasion
equi &c.	occhi, io,	œils
	occhiate	œillades
	oculto	caché
	Odi, a, o,	haïs
	odiato	hay
	odiaua	hayssois, ssoit
	odioso	odieux
	odo	j'oys, j'entends
	odorati	odorans
	Oferisco	j'offre
ofitisfio	ofitio	ofice
	offri	j'offris
ogni	ogni	tout, toute
	ohime	helas
	ombra	ombre
	omnipotente	tout puissant
	onda, e,	onde
	onta	honte
	opra, opera	œuure
	oprar	œuurer
	Or	or
	orbo	aueugle
	orno, i	orme
	ornato	orné
	ordinata	ordonnée
orequia, ou orecchia	orrecchia, io, ie,	oreille
	ordinanza	ordre, ordonnance
	orgoglio	orgueil
	orme	vestiges, pistes
	ornaua	ornois, oit

F iij

ornamento	ornement
oro	or
orso, i	ours
Osi	oses
ossa	os
osserua	observé
osseruato	observé
ostinata	obstinée
otio, tii	oisiueté
Ove	ou, dou
ouer	ou bien
ouili	bergeries
ouunque	ou, en quelque part que
Pace	paix
paesani	du païs
pagar	païer
palma	palme empan
palpebre, a	paupieres
pane	pain
pánie	gluaux
panche	banc-selles
panni	draps, habits
par, e, ri	semble
parer	sembler
parea, eua	semblois, bloit
parrassi	semblera, paraistra
parean	sembloient
parue	sembla
paragone	parangon
paradiso	paradis

pardo	leopard
pargoletta, i	petite
parla, o, i,	parle
parlare	parler
parlando	parlant
párlano	parlent
parlanti	parlans
parlommi	me parla
parte, i	part partie
parola, e	parole
partir	partir
partì	partis
partì-si	se partit
partirà	partira
partita	partie, allée
pasce, i	paist
pascon	paissent
pasceran-si	se paistront
passar	passer
passando vi	y passant
passi	pas
passato, a, e,	passé
passasse	passasse
passasti	tu passas
pastor, i	pasteur, berger
pastoralli	pastoralles
pastorelle	bergeres
pasto	repas
pátria	patrie
pauenti	espouuente
pauonne	paon

pascheran

		Vnique
pazzarella	pazzarella	folleste
&c.	pazzo	fol
	Peggio	pis mal
peggior &c.	peggior	pire
	pelegrini	pellerins
	pelle	peau
	pendente	pendant, tendis
	pene, a,	peines
	pennachi	pennaches
	penne	plumes
	pensare	penser
	pensa, i	pense
	pensarem	penserons
	pensato	pensé
	pensiam	pensons, sions
	pensier, i,	penser
	pentir-si	se repentir
	pentirai	repentiras
	pentita	repentie
	pento	repens
perqui	perche	pource que, pour-quoy
	per	pour, par
	percossa	coup, secousse
	percotendo-si	se frappant
	perderan	perdrons
	perdei	perdis
	perdita	perté
	perduto	perdu
	perdona	pardonne
	peregrino	pellerin
	perigliosa	perileuse

perigli

Methode. 49

	perigli	perils
	però	pource, pourtant
	peruenne	paruint
	peruersa	peruerse
	peso	pois, pesanteur
eschi	pesci	poissons
etssa	petto, i	poiltrine
	pezza, i	piece, morceau
	Piaga, ghe	playe, s,
piatché &c.	piace	plaist
	piaceri	plaisirs
	piaceua	plaisois, oit,
	piacer, e,-le	luy plaire
	pacie-mi	me plaist
	piacendo	plaisant
	piacque	pleust
	piaceuol	plaisant, doux
piatchia	piaccia	plaise
	pianga, gi	pleure
piadgie &c.	piaggie	pleines, cãpaignes
	pianger	pleurer
	piangete	pleurez
	pianamente	doucement
	piangendo	pleurant
	piangesse	pleurasse
	piante,o,a,	pleurees, plantes
pitchiol	picciol,lo, la	petit
	pie, de, di,	pied
	piena, e,	pleine
	pian, o	plein, doulcement
	pienamente	pleinement, a plein

G

pienotte	pleines, graſſettes
pietà, tàte,	pitié, pieté
piegati	ployez
pieghéuole	ployable
pietra	pierre
piettoſa	pitoyable
pino	le pin, ōn nauire
piu	plus, pluſieurs
piume	plumes
Poco	peu
poi	apres
poiche	apres que, depuis que
polue	pouldre
poma, mo, mi,	pommes
pompa	pompe
pone	met
poneſti	mis, tu mis
ponno	mettent
por, re,	mettre
portaua	portoit, tois
porto, i	port, porte
porrò	porta
portommi	me porta
poſcia	apres, depuis
poſe	mit, poſa
polla, ſo	puiſſe, puiſſance
póſſono	peuuent
poſſede	poſſedé
poſſente	puiſſant
poſſiam	puiſſions

poignit

poſchia

Methode.

possibil	possible
posto	mis
poter ce,	pouuoir
potea	pouuoit
potéano	pouuoient
potente, i,	puissant
potesse i,	peusse
potendo	pouuant
potesti	tu peus
potenza	puissance
potuto	peu, il a peu
potrá, ò,	pourra
potrallo	le pourra
potrebbe	pourroit
potria	pourrois, oit
potresti	tu pourrois
pozzete	fossettes qui se font aux ioues en riant
póuero	poure
pouertá	poureté
Pugna	poings, combat
pugnando	combattant
punger	poindre, picquer
pungenti	picquans
punge	picque
punite	punies
punta, tò	pointe, picquée
puntura	piqueure
può, te,	peut
puoi	peus

	pupille	prunelles des yeux
puzzo	púrido	pourry
	puzzo	puanteur
	Placa	adoulcit
	placar-la	l'appaiser
	plácano	appaisent
	Plebe	troupe
	pletro	archer
pretchi pi-	Prati	prez
tando, &c.	precipitando	precipitant
	precipitasse	precipitasse
	precipitio	precipice
	precipitò	se precipita
	precorressi	deuanceasse
	preda	proye
	predetto	predit, sus dit
	predisse	predisse
	pregare	prier
pred;io	preggio	pris, valeur
preguiere	preghiere, pre-	prieres
	ghi	
	prégo, gò	ie prie, il pria
	premer-si	se presser, pous-
		ser
	premio, mij	loyer, recompense
	prenda, di	prenne
	prenden	prennent
	prender-ne	en prendre
	prenderò	prendray
	presago	presage
	prescritto	prescrit

Methode.

presente	present
presenza	presence
presentato, ti	presente
presidio	garde, garnison
presso	aupres
prestasse	prestasse
prestati	prestez
presto, ti	viste, prompt
pretesto	pretexte
pretioso	pretieux
prezzo	prix
Pria, ma, mo	premiere
	premierement
primauera	printemps
principio	commencement
Pro	proffit
procura, ri	procure
procurerò	procureray
procuriam	procurons
produca	produise
profani	profanes
profondo	profonds
prolonga	prolonge
promettendo	promettant
prometti	promettes
pronostichi	pronostics
proponendo	proposant
proponimento	proposition
proposito	propos
propria, prio	propre
prossimo	prochain

G iij

protesto	proteste
proua, uò	preuue
prouata, to	esprouuee
prouidenza	prouidence
Qual, le, li,	quel, quelle, comme
quasi	casi
quando	quand
quante, to, ti,	quentes, combien
qualche	quelques
qui	icy, deça
quadrello	trait, matras
quattro	quatre,
Questa, to, te, ti,	ce, cette
quel, lo, la, le	ce, celuy, icelle
quegli	iceux
quercia (*comartchia*)	vn chesne
Qui	ny
quiui	là
quindi	de là
quinci (*quintchi*)	d'icy de là
quinto	cinquiesme
Raccogliesti	tu recueillis
raccolto	recueilly
racconsoli	racconsolles
raccontaua	raccontois, ois
rade	rares, rases
radice (*vadiche*)	racine
radolcire (*radolchire &c.*)	radoulcir
radolcirò	radoulciray

radolcisſi	ie radoulcis
radolcito	radoulcy
radoppio	redouble
raffrenò	refrena
raggi	rais, rayons
raggion, ni	raiſon, portion
raggionar	diſcourir, parler
raggiona	parle
raggionando	diſcourant
raggionamenti	diſcours
ramo, mi	rameau, branche
rame	cuyvre
rammenta, to, ti,	ramentoit
rammentar-mi	me ramentevoir
rápidi	rapides
rapina	rapine
rapire	ravir
rapirò	raviray
rapiſca	raviſſe
rapito	ravy
rari	rares, clers ſemez
raſciuga	eſſuye
raſſicuròmi	me raſſeurà
rauiſo	r'aviſe, apperçois
rauivar-lo	le raviuer
rauolſe, ſi,	entortilla
rauoglier-lo	les entortiller
Real	Royal
recat	apporter, amener
rechi	aportes

	58	Vnique
	recò	apporta
	reserillo	le rencontra, redist
	regal	royal
vedi	regi	gouvernet
	regna	regne
religion	religion	religion
	relique	reliques, restes
	replican	repliquent
	replicato	reiteré
	replicò	reitera
	repulse	refusa
	resta, sti	demeure, reste
	restai	restay
	restammo	restames
	restar	demeurer, rester
	restate	demeurez
	reti, te	retz
	reuerente	reuerent
	Ria	mauuaise
	riamando	r'aymant
ricapritchiar-	ricapricciar-mi	me herisser
ritcherco &c.	ricerco	recherche
	riceuo, ue	reçois
	ricci	frisottis
rischi ritquierdo &c.	richiede	requiert
	richedeua	requeroit, oit
	richissimo	tres riche
	riconobbe, bi	recogneut
ricognos- scendo	ri cognoscendo	recognoissant
	ricognoscerà	recognoistra
	riconosco	ie recognois
		ricorse

ricorse	recourut
riconsiglia	reconsillie
ricompensa	recompense
ricóuero	ie recours
ricopre, ricuo-pre	retouure
ricusi	recuses
ridea	rioit
ridente	luy riant
ridendo	riant
ridesse	riasse
ridica	redie
ridir	redire, rire
ridoto, te,	reduit
rifiutti	refuses
rifuadgé rifuge	refuit
rigor, re,	rigueur
rigorosa	rigoureuse
rileua	releue, redresse
rimase	demeura
rime	rimes
rimanéssero	demeurassent
rimetto	remets
rimirar-ui	y regarder
rimirando	regardant
rimíto	regarde
rimorsa, se,	remorduë
rinasché&c. rinasce	renaist
rincresce	fasche
rinfrescar-si	se rafraischir
rinselua	r'entre au bois

H

	rinseluai	r'entray en bois
rinuntio	rinuntio	renoncé
	ripa	bord, riue
	ripentita	repentie
	ripresi	repris
	risappia	ressache
	rise, so,	rist, ris
risquio	rischio	hasard
	risoluo	resouls
	rispetto	respect
	rispetoso	respectueux
rispingé	rispinge, r	repousse, pousser
	risponder	respondre
	risponda, di	responde
	rispóndono	respondent
	rispóndimi	respons-moy
	risposer	respondirent
	risposse	respondit
	risposta	response
	risse	disputes
	ristretto, ti	vestrint, retiré
	Ritarda	tarde, demeure
	ritener	retenir
	ritenesti	tu retins
	ritenni, ne	ie retins
	ritegno	arrest empeschemèt
	ritiene	retient
	ritornáre	retourner
	ritornai	retournay
	ritorta	oster tortillé
	ritorno	retourna

Methode.

retrouar	retrouuer
ritroua-se	je retrouue
ritrouato	retrouué
ritrouammo	retrouuames
ritrosa, si	desdaigneuse
ritrosetta	petite desdaigneuse
riuelar me	me reueler
riuerendo	reuerend
riuestita	reuestuë
riuenne	reuint
rividi	reuis
riuiene	reuient
riuolger	retourner
riuolse	retourna
rizzosi	se leua, dressa
Robba	robbe, richesse
robusto	robuste, fort
robutezza	force
roco, ca	enroué
romor	rumeur, bruit
rompa	rompe
rosa, se	rose
rosaio	rosier
rossore	rougeur, sseur
rotta	rompuë
rozza, zi	rusticque
Rubello	rebelle
rugiade	rosees
ruina, ne	ruine
ruinar	ruiner
rupi	precipices

H iii

	rustico, ci, che,	rusticqué
	rùuida, do,	rude, sauuage
	Sa	fait
	sbucca	degiste, sort d'vn
	saette	fleches (trou
saggio	saggio, gia, gie	sage
	sai	tu sçais
	sala	sale
saliché	salce	saule
	salua	saulue
	saluasti	sauluas
	saluato	saulué
saluatiqua-tssa	saluatichezza	sauuageté, rudesse
	saluate, to,	sauuées
	sampogne	cornemeuses
	sana, ni	saine, guerit
	sangue	sang
	sanguigno	sanguin
	sanguinosa	sanglante
	sanno	sauent
	saper, re,	sauoir
	sapeua	sauoit, s
	sapia	sache
	sapiamo	sachons, sachions
	sappi	saches
	saprei	sçaurois
	saprò	sauray
	sarà	sera
	sarai	tu seras
	saran	seront
	sarebbe	seroit

	saſſi	cailloux
ſiar &c.	ſatiar	ſaouler
	ſatia	ſaoule
	Sátiro	ſatire
	ſatollo	ſaoul
	ſaui	ſages, ſauans
	Se	ſi
	ſeco	auec ſoy
	ſecol	ſiecle
	ſeconda	ſeconde
	ſecondando	ſecondant
	ſecreto, te, ti,	ſecret
	ſeder	s'aſſeoir
	ſedean	ſeoient
dgio	ſeggio	ſiege
	ſegno	ſigne, marque
	ſeguir, re ſguo	ſuiure
	ſegue, gui, gua,	ſuit
	ſéguiti	ſuis
	ſeguitaua	ſuiuoit
	ſeguitando	ſuiuant
	ſeguon	ſuiuent
	ſeguendo	ſuiuant
	ſeguillo	le ſuiuis
	ſeguiſti	tu ſuiuis
	ſeguiſſe	ſuiuiſſe
	ſeguiua	ſuiuoit
	ſei	tu es, ſix
	ſeluaggio, gia,	ſauuage
	ſelue	forreſts
	ſembra	ſeme

H iij

sembianta	semblant, façon, mine, geste
sémplice	simple
semplicetta	simplette
sempre	toussours
sen,	sein, poictrine
senon	sinon
senno	sens, volonté
senso	sens
sente	sent
senti, ti	sentit
sentenza	sentence
sentiamo	sentons, tions
sentimento	sentiment
senza	sans
sepelirle	les enseuelir
sepolto	enseuely
seppe	sceut
serba	garde conserues
sereno, ni	serein
serenò-si	se serena
serpi	serpens
seruiendo	seruant
seruo, ui	ie sers, seruiteurs
seruigio	seruice
sesso	sexe
sete	estes, soif
seteso	velu
sette	sept
seuera	seuere
sezzo	tard, sur le tard

Si	se, ouy
sia	soit
siam	soions
sian	soient
sicuro	seur, asseuré
siede	s'assiet
si fatto	tel
signore	seigneur, maistre
silentio	silence
simil, li	semblable, pareil
similitúdine	similitude
simplicetta	simplette
simplicitade	simplicité
sin, o,	iusques
sinistra	sinistre, malheureuse
sirene	sirenes
So	ie sçay
soaue	doux, soaue
sofferenza	souffrance
soffrir	souffrir
soffrirá	souffrira
soggeti, &c. (sodgetti &c.)	subiets
soglio	iay coustume, sueil
soggiunse	adiousta
sol, lo, llo	seul, seulement, ie le sçay
solamente	seulement
solenni	solennels
soleua	auoit de coustume
soléciti	solicitez, actifs

solito	accoustumé
solitari	solitaires
somiglia	ressemble
somma, mo,	somme, souuerain
son	sont
sonno	sommeil
sonora	armonieuse
soporta	suporte
sopra	sus, dessus
sopragiunsero	suruinrent
sorda, do	sourde
sorriso	soubris
sorte	sorte, le sort
sortir	sortir
sospettar	soupçonner
sospetto	soupçon
sospirar	soupirer
sospiráua	soupirois, oit
sospira	soupire
sospirato	soupiré
sospirando	soupirant
sospiri, ro	soupirs
sospinsi	poussay, poussa
sotto	dessoubs, soubs
souenne	souuint
souente	souuent
souiene	souuient
souiemmi	me souuient
soura	dessus
sozzo	sale, ord,
Sù	sus

sua

sua	sienne
succo	suc, jus
sudor, re	sueur
svelti	arrachez
svergognasti	ahontagea
svilupare	desueloper
suo	sien
suói	siens
suol	a coustume
suono, na, ni	son, sonne
svolgo	ie desueloppe
superba, bo	superbe
superbia	orgueil
supercilio	sourcil
supliccando	supliant
susurto, ri	murmure
suprema	supreme
Spacciato (*satchiato*)	despeché, frit
spada	espée
spalle	espaules
sparger	espardre
spari	disparu
sparsa	esparse
sparsi	espars
sparto, ta,	espars, ie despars
spatio (*patsio*)	espace
spauenti	espouuante
Speme	esperance
spende	despend
speco	cauerne
spechi (*pequi*)	mires, miroüers

specquio ou spechio	specchio	miroüer
	spera, ro, ri,	aspere
	sperar	esperer
	sperando	esperant
	speranza	esperance
	spesso	souuens
	spettacolo	spectacle
spessata	spezzata	rompuë
	Spiar	espier
spiascher &c.	spiacer	desplaire
	spiaccia	desplaise
	spiace	desplaist
	spiacesse	desplenst
	spiegar	desployer
	spiegò	desploya
	spiegasse	desployasse
	spica, ghe	espics
	spiedi	espieux, broches
	spiettata	cruelle
	spini	espines
	spinse	poussa
	spinte, ta,	poussees
	spicò	se destacha, separ- tit
spindgeua	spingeua	poussois, oit
	spira	respire, inspire
	spirerò	inspireray
	spirito	esprit
	Spoglie	despouilles
	sporgea	poussoit, presen- toit

Spunta	pousse hors, sort
splendor	splendeur
spretssa &c. Sprezza, zi	meprise
sprezzando	mesprisant
scacchi Scacci	deschasse
scaltro, tri	fin, rusé
scarso	chiche
schendina &c. Scendeua	descendoit
scene	scenes
scettri	sceptres
schiocca, &c. Sciocca, co,	sotte, folle
sciagura	infortune
sciogli	deslies
scioglier	deslier
sciolse	deslia
Scola	escolle
scolpì	graua
scongiuro, ri,	coniuration
sconoscenti	mescognoissantes
scopiasse	esclatasse
scopria	descouurois, oit
scorno	honte, escorne
scorsi	apperceus,
scorze	escorse
scoscesso	coupé, fendu
scossi	secoüay, esbranlez
Scuola	escolle
scuopra	descouure
scuoprimi	descouures-moy
scuotitor	esbranleur, secoüeur

I ij

	Scherzare	iouer
	schermo	deffense
	schermir	deffendre
	schermi	deffends
	scherzi	esbats
	schiuar-li	les fuir
	schiua	fuitiue, desdai-
	schiatte	races (gneuse
	schiera	troupe
	schiui	fuitifs, fuyars
	Séranne	eserans
	scrisse	escriuit
	scritto	escrit
	scriuea	escriuoit
	scriui	escrits
	Sdegna, gno	desdaigne
	sdegnato	desdaigné
	sdegnando	desdaignant
	sdegnerai	desdaigneras
	Sfauillar	estinceler
sferissa	sferza	foüet, foüette
	Sfondasse	enfonceasse
	sforzar	efforcer
sfortisfar &c.	sforzata	forcée
	sforzerò	forceray
	sforzo	effort
	Smarij	s'esgaray
	Star	estre, demeurer
	stà	est, demeure
stadgione	staggione, s	saison
	stagni	estangs

stanno	sont, demeurent
star-te-ne	t'en demeurer
stassi	demeure
stato, ta, to,	esté
stesso, ssa	mesme
Stia-si	se demeure
stile	stile
stille	estincelles
stillar	distiller
stillò	distilla
stimar-si	s'estimer
stimái	estimay
stimaresti	esstimerois
stimaua	estimoit
stimasse	estimasse
stimò	estima
stimi	estimes
stimolar	eguillonner
Stordito	estourdy
studio	estude
stupire	estonner
stupii	estonnay
stupore	estonnement
stupro	viollement
Strada, de	rué
stral, lli	vn traict, flesche
strana, ne	estrange
Strettamente	estroictement
stretto	estroit
Stringea	estreignoit, serroit
strinse	estreignit

79　　　Vnique

tacibondo.　Tacer　　taire
　　　taceano　　taisoient
　　　tace, ci　　taist
　　　táccia　　　taise
　　　tacendo　　taisant
　　　tacesti　　tues celas
　　　tacqui　　　teus
　　　tái　　　　telles
　　　tal, lle　　tel telle
　　　talento　　desir volonté
　　　tanto　　　tant
　　　tarda, do　tarde, tard
　　　tauole　　　tables
　　　Teco　　　auec toy
　　　te　　　　te, toy,
　　　t'el　　　te le
　　　tema, temenza　crainte
　　　teme, mo, mi　craint,
　　　tem'io　　ie crains
　　　temesse　　craignisse
　　　temerò　　craindray
　　　temendo　　craignant
　　　tempo　　　temps
　　　tempre　　trempre
tenanthi　Tenaci　tenans serrez
　　　tener　　　tenir
　　　tenea　　　tenois, noit
　　　tenere, ra　tendres
　　　tenerello, la, li-　tendre
　　　ténebre　tenebres
　　　tender　　tendre

Methode.

tendeua	tendoit
tenta ti	esaye, esprouue
terra	terre
terreno	terrier, terrien
terminare	terminer
tese	tendues
tessutti	tissus
testè	maintenant, à ceste heure
testimonio	tesmoignage
Ti	te
tien, e,	tiens
tigri	tigre
timide	timides
tinga	teigne
tinsi	teignis
tira	tire
tirano	tirent
Tocca	touche
tocar-le	les toucher
toglia, e,	prenne
togliesse	prisse
tolga	prenne, oste
tolle	prist
tornar, re,	tourner
tornando	retournant
torneranno	retourneront
torcendosi (*torcshendo*)	se tournant
tormenta, ti	tourmente
toro	toreau
torre, ri	sourprendre

	Vnique
torrà	prendra
torrenti	torrens
tortole	fortes
torto	tort
tórrote, lla, llc,	tourtre pigeon
tosco	venin,
tosto	tost,
Ty	tu, toy
tua	tienne
tufferà	plongera, baignera
tuoi	tiens
turbar	troubler
turba	trouble, trouppe
turbato, ta	troublé
turbi	troubles
Tutta, tto, tte,	toute, tes,
tra	entre
traccia	trasse
traffitto	percé tout outre
tragga	tire, auale
trahe	tire
trehean	tiroient
tramortir	esuanouir
tramortito	esuanoüi
tranquillo	tranquille
trasformata	transformee
trapasso	passe
trapassossi	se percea
trar lo	le tirer
trasse, si	tira
trastulla, llo	iouet esbat

tralchia

trau-

traudir	entr'ouir
traveder	entrevoir
Tre	trois
tregua	tresue
tremolare	trembler
trescando	danceant, sautelāt
trespoli	tretteaux
Tridente	tridens
triompho	triomphe
triste, sto	triste, meschant
Trombe	trompettes
trónco	tronc
tronche	couppées
troppo	trop
trouar	trouuer
trouáí	trouuay
trouáto	trouué
treuerái	trouueras
troui, uo	trouués
trouiamo	trouuons
Thesoro	thresor
va	va
vado, da	ie vais
vago, ga	desireux, amoureux
vaguedgiar &c. vaghéggiar	caresser courtiser
vaggegiaua	caressois, ssoit
vagheggi	tu caresses
vaghi	amoureux beaux
vnguetssa vaghezza	beauté, gentillesse
valle	vallee, vaulx

K

	vana, no	vaine, vain
	van, no	vont
	vaneggi	resues
	vanne	aisles, va ten
vantadgio	vantagio	aduantage
	varia	diuers
	vaso	vase
	vatene	va t'en
	Ve	J
vecchi	vece	au lieu
	vecchaia	vieillesse
veccaia	veder-mi, ti	me voir, te
	vedea	voyoit
	vedemmo	veismes
	vedendoti	te voyant
	vedesse	veisse
	vedesti	tu veis
	vedi	voit
	vedoue	vefues
	vedrassi	se verra
	vedrem	nous verrons
	vedrò	ie verray
	veduta	vue
vedgia &c.	veggia, o	voye
	veggiam	voions
	vel, velo	voille
	velare	voillees
	velasti	voillas
	veleno	venin
	velenoso	veleneux
velettbi	veloce	prompt, viste

velico	lepurier
venale	vendable
vender	vendre
vende	vend
vendetta	vengence
venir-ti	te venir
vengo, gi	ie viens, vienne
venne	veins
venere	venue
vento	vent
ventolando	ventelant
ventura	aduenture, fortune
ver, vera	vray, vraye
verace, ci	veritable
veramente	veritablement
verdi	verds
verga	verge
vergine, nella	vierge pucelle
vergogna	honte
vergognando	hontageant
vergognosa	honteuse
vermiglie	vermeilles
vermo	vn ver
verno, na	hiuer, yuerne
verra, ro	viendra
verriamo	viendrions
verso	vn vers deuers
vesiche	vessies
vesti	habille, vestemet
Vi	y, vous,

K ij

	via	voye, chemin, promptement
	via più	bien plus
viaįgio	viaggio	voyage
	vibrando	dardant
vitchino	vicino	voisin
	vidi, de	ie veu
	viene, ni,	vient
	villan	villain, villageois
	villanella	païsanne
	ville	villages
	vile	vil, abiect
vintché &c.	vince	veincq
	vincitore	veincqueur
	vinta	veincque
	viola	violle, violletta
	violenza	violance
virgginal &c.	virginal	virginal
	virginelli	filletses
	virginitade	virginité
	virilità	verilesé, force
	virtù, tùte	vertu
	viscere	entrailles
	viso	visage
	visse, ssi	vescut, veisse
	visto	veu
	vistosi	s'estant veu
	vita	vie
	la vite	la vigne
	vittoria	victoire
	viuer	viure

Methode 77

	viui, vo,	vi
	viuerò	vivray
	viuendo	viuant
	Vo	ie vais, ie viens
votchē	voce, ci	voix
	voglio, a,	ie veus
	vogliamo	voullons
	voi	vous
	vola	volle
	voler, re	voulloir
	voleua, ui	voulois, oit
	volentier	volentiers
	volessi	voulusse
	volga, go	tourneray, tourne
	vólo	vol, ie veus
	volle	veult
	volse, i	voullut
	volta, te, ti, to,	fois, tournée
verratchi	vorraci	devorans
	vorrai	vouldras
	vorrei	ie vouldrois
	vorresti	voudrois tu
	vorrò	vouldray
	vopo	luy est a profit
	vostri	vostres
ouva	uVa	raisin
voulgo	vulgo	vulgaire
	vuol, lle,	veult
	vuó, vuoi	veus, tu veus
outchider &c.	Vccider	tuer
	vccida, di,	tué

K iij

vccise, so,	tuez, tuä
Vdi	ouir
vdia	oyoit
vdendo	oyant
vdir-mi	m'ouir
vdito	entendra
vdirai	entendra
vdisse	ouisse
vdite	ouïes, oyez
vdimmi	m'oüis
vdranno	entendrent
Vfitioy	office, s,
Vltima	derniere,
vn, vno, vna	vn,
vnica	vnique
vnito	vni
Vrtasse	heurtasse
vsar	vser, accoustumer
vsa	vse
vsato	vsé, vsité
vsauano	vsoient
vscio	buis
vscita	sortie, saillie
vsci	sorti
vscian	sortoient
vsignuolo	rossignol
vso	vsage, coustume
Zampogne	cornemuses
zendado	taffetas

www.ingramcontent.com/pod-product-compliance
Lightning Source LLC
LaVergne TN
LVHW050650090426
835512LV00007B/1141